Christoph Völkel

UND WENN DICH MEINE WOLKE TRÄGT

Tankas und Haikus

FÜR EINEN LIEBEN MENSCHEN

CHRISTOPH VÖLKEL, geb. am 24.12.1968 in Leipzig, ist promovierter Apotheker und lebt in Berlin. Er ist seit vielen Jahren in der pharmazeutischen Industrie tätig.

Haikus und Tankas sind wortakrobatische Mikrokosmen mit Botschaften nach innen und außen.

Christoph Völkel

UND WENN DICH MEINE WOLKE TRÄGT

Tankas und Haikus

Tankas
2017 - 2024

CARL

Ungestüme fünf
Jahre, sinnfrei verweilen
nur im Hier und Jetzt.
Gestern ist Morgen, Träume
der Anfang vom Ausreißen.

Carl spricht von Tod und
Leben und Kita-Freunden,
bis der Vorhang fällt
vor die müden Augen. Heut',
da die Tage normal sind.

Nachtbrise flüchtet
ins Zimmer, versteckt Pfötchen
im Dunkel, kuschelt
sich an Haut und Nerv. Später
trampeln Beine bis zum Licht.

ATHINA

Ich schulde Deinem
Leben meine Wahrheit. All
das, was ich mit Sinn
verspüre, gehört Dir. Was
Du tust, ist nicht mein Sorgen.

Und wenn Dich meine
Wolke trägt, wünsche ich mir
keinen Regen. Auch
wenn die Rosen sterben, ist
mein Gewächs noch immer da.

FAMILIE

Ich und Du und Wir
sind heute eins und morgen
vier. Eins mit Streit, vier
mit Seelen voller Flucht. Weg
zum Mittelpunkt braucht Brücken.

Eine Träne für
den Augenblick, ein Fluss voll
Freude für Jahre,
die fließen vom Berg zum Meer,
haltlos, verträumt, verschwindend...

Erste Farben, von
Sonne gemalt, an Tagen,
die viel versprachen
für unser Glück. So macht Lust
auf Leben Freude und Leid.

Kühl und stolz zieht der
Morgen durchs Fenster. Kitzelt
die Nasenspitze
mit verflossenen Bildern:
Kinder verzocken die Zeit.

TRÄUME

Wenn Pfeiler plötzlich
splittern, fliegen Pfeile weit
und tief. Die Zeit steht
auf der Bremse. Leichter Schmerz
wandert aus mir in den Traum.

Bunte Pfeile, Kreis
und Dreieck, schwimmen hinter
geschlossenem Lid.
Gefühlslos treibt der Kosmos
Träume ins brüchige Haus.

Ist das Irren nur
besseres Denken um mir
Träume zu lassen?
Wärme jetzt, Kälte bald, nur
Zwischenräume fehlen ganz.

Die Gießkannen von
Petrus sind Früchte des Zorns,
wenn wir uns wieder
nur gefallen. Nachts schlafen
die Wolken ohne Reue.

Möchtet Ihr nicht auch
Stückchen von der guten Welt?
Diese Wiese im
Wald hat tausende davon.
Hab meine Schaufel dabei.

Eine Taube ist
geflogen, in den Flügeln
tausende Worte,
Die wir uns teilen dürfen
bis zum Flug ins Morgenland.

SIZILIEN
Wolken engelsgleich
nur für mich. Ihre Tropfen
treffen mich Jahre
später in Zeiten, wenn der
Himmel mich nicht küssen will.

MASUREN
Grün-Blau-Horizont,
Weiß-Schwarz-Vertikal. Seen und
Störche als Normal
für diesen Sommer, der die
Zeit im Sturm verlassen hat.

MASUREN
Wald als Grenze, der
teilt in Frieden und dort. Hier
hat die Zeit sanftes
Ruhebett, das Gras Gewicht.
See sucht Dir eine Seele.

TIBET
Höher und höher
auf der seidenen Schnur, die
Straße heißt und nur
Steine und Staub ist. Weiter
spannt sich ein Himmel bei Nacht.

EIBSEE
Ich schwebe ins Nichts
aus grünem Wasser. Strahlen
weben mir aus der
Tiefe einen fliegenden
Teppich, der mich lautlos trägt.

NEPAL
Möchtet Ihr nicht auch
Stückchen von der guten Welt?
Diese Wiese im
Wald hat tausende davon.
Hab meine Schaufel dabei.

THEATER
Menschenwandlung bar
Ziel, warten auf Fremdworte.
Augen und Ohren
auf Angriff gepolt. Die Jagd
auf Worte hält mich lebend.

Haikus
2017 - 2024

FAMILIE

Weg ist steilerich,
sagt Carl. Atem stößt hektisch
aus mir raus, Puls steigt.

Blick in drei Paare
Augen öffnet die Welt, die
ich heute suche.

Schmetterlingsflügel
küssen die Wangen munter.
Die Augen folgen.

Das dunkle Jauchzen
in deiner Stimme sagt mir,
die Welt lebt weiter.

Dort wo die Wellen
an den Horizont schlagen,
ist Heimat. Für Dich?

Meine Tasten neu
gestimmt, ganz allein, für Dich.
Klavier steht im Wald.

Entglitten die Kraft,
zu Boden gezogen wie
sanft von Dir entführt.

Schwingen von Wärme
streichen mich öfter. Nachts liegt
Dein Bild am Fenster.

Er: Die Zeit dehnt sich.
Sie: Ins Ewig? Er: Im Kuss.
Sie: Halleluja.

Mich selten gebraucht
zum Glück finden. Dir macht nichts,
was ich so denke.

Nächtliches Reisen
von Dir, mein Sohn. Die Schritte
treffen mich ins Mark.

Geborgen im Strom
der Zahlen, tanzen Deine
Gedanken sorglos.

Umkehr ins Neue.
Kein Schulterschluss mehr, Blick nach
innen eint uns noch.

Die Augen über
Dich gelegt wie ein Mantel.
Ziehst ihn öfter aus.

Zieh mir die Nerven
aus, ich trage Dich, bis die
Stunden einstürzen.

Wir denken an Euch,
egal wo wir sind, im Meer,
auf Wolke Sieben.

Nacht küsst mit fahlem
Licht Deine Wangen. Spüren
kann sie nur Dein Traum.

Lehm schützt uns vor kalt
und heiß. Nicht vor Leben, dass
Du Dir erträumtest.

Den Kamin füttern
mit Liebe und Holz, verlass
die Welt voll Kummer.

Dein letzter Stuhl bleibt,
für mich und viele Jahre.
Die Kerbe ist bunt.

Wange an Wange
schlafend kreuzen sich Träume
erlebnisschwanger.

Du bist wieder der
Alte, sagst du, während wir
Wärme austauschen.

Vertrau nicht der Zeit.
Sie ritzt Lügen und Falten
in alte Bäume.

Vergiss das Schwimmen
im Meer. Du hast den Walen
das Fürchten gelehrt.

Deine Hand tobt wie
ein Fluss über rollende
Steine. Schmerz verfliegt.

Letzter Wimpernschlag
heute, noch fünf Worte: Du
bist mein größter Held.

Die Zeit fegt über
unsere Köpfe hinweg,
stets mit Gegenwind.

Glitzerndes Wasser,
laute Luft. Kinder pflügen
sich in die Ferien.

Du Kind von tausend
Eltern. Dämon, Heiland in
eins. Chor macht Dich stark.

Badewannen-Wohl-
fühl-Gedanken-Spieluhren-
Verlängerungs-Zeit.

Dein Leben streckt Dich
nieder, beugt deine Knie. Aus
Weg wird Sumpf und Schlamm.

Der Pfad ins Gestern
vergraben. Niemand stellt sich
Dir mehr in den Weg.

NATUR

Sorgloses Gleiten,
Reiher fliegt, ich schwimme weg
vor Last und Wehmut.

Verträumt ist die Zeit,
die hinter den Wiesen war.
Blumen blühen hier.

Verträumt in die Zeit,
als das Leben noch ewig
schien. In mir Wolken.

Auf sanften Wellen
wiegt das Blatt. Ich stelle den
Rucksack langsam ab.

Alleen aus Licht und
Schatten. Verantwortungslos
schnell dahingleiten.

Wolken eingesaugt,
Sterne ins Wasser versenkt,
Himmelbett verlegt.

Noch ist Grün das Bild
der Wahl. Endlosen Sommer
wünscht sich jedes Kind.

Nachts schläft die Sonne
nicht mehr, Sterne brennen sich
in den Himmel ein.

Über dem Dorf hängt
das Schweigen der Lämmer. Zeit
schleicht von Zaun zu Zaun.

Goldene Fläche,
die unter mir schwankt. Abend
haucht Wind in den Schilf.

Licht erlischt im See.
Baumwipfel schweigen ringsum.
Letztes Boot am Strand.

Verzerrt vom Spiegel
der Wellen grüne Wälder.
Abends glüht der See.

Nebel hüllt Wald und
Berge und Gedanken ein.
Wann kommen wir an?

Wilde Gärten, die
verträumtes Scheitern lehren,
fliehen aus dem Blick.

Hexen blicken aus
Ölbäumen. Blicke huschen
in die Schublade.

Gelb, gelber das Blatt
im Winde, tänzelnd lautlos
am Auge vorbei.

Stillstand. Kein Wort mehr.
Schwarz legt sich über Wiesen.
Adler stirbt im Flug.

Zänkische Elster,
lass den Hass zu Hause, wo
Dein Diebesherz wohnt.

Lichtdurchflutetes
Vogelgezwitscher, offen
der Raum für Musik.

So viele Schritte
durch die Zeit. Am Wegesrand
blühen die Bilder.

Vögel, ruft den Tag:
Durch Schleier von Kühle sucht
das Kind die Rosen.

Letztes Licht. Schatten
dehnen sich lautlos. Rehe
beäugen die Flur.

Wolkenband überm
See. Letztes Licht kriecht ins Herz.
Oliven-Heimweg.

Lichtrot der Pinsel
des Morgens. Welt rauscht taumelnd
alltäglich weiter.

Sonnenbeschienen
das Ufer. Kälte kriecht aus
Fingern, schmerzt das Blut.

Gerüche von Gras
nachts zwei Uhr. Das Morgen hat
die Nase erstürmt.

Wind beugt Gräser auf
den Hang. Im Blätterrausch wild
wirbeln Gedanken.

Flirrendes Kalt greift
nach mir. Zieht Haut in Falten.
Rötet Pobacken.

Krähen rufen die
Luft in Streifen. Voller Glück
treibt das Licht Beine.

Den Tag maskiert mit
zu viel Farbe, die Tänzer
suchen nach Muße.

Wälder gerodet,
Geheimwege verschwunden.
Blick ohne Richtung.

Noch weht Blattwerk grün
aus den Wäldern. Nirgends liegt
die Erde nackter.

Eingesogen das
Lachen, verdampft, bis Wolken
mich rasch umhüllen.

Auf grünem Teppich
schweben, Wasser trägt, Flügeln
gleich, die Gedanken.

Niemals fühlten wir
uns verirrt im Dschungel. Erst,
als die Straße kam.

Tausend Schatten von
Blau über dem Meer. Regen wäscht
Sonne aus dem Dunst.

Stimmenmeer tropft von
Bäumen, nässt die Sonne, die
über Wiesen schleicht.

Worte bremsen sich,
Rudel schläft. Der Traum zerteilt
Wellen in Bilder.

Spiegel zerteilen
in Grün und Blau. Himmel fängt
die Arme wieder.

Sommer drückt mit Glut
aufs Land. Du und ich brechen
die Stille im Sand.

Auf grünem Teppich
schweben, sechs Paradiese
unter mir. Was bleibt?

Du drehst die Schatten
Auf Nord. Einsamer Wagen
auf Autopilot.

SEELE

Wenn Pfeiler brechen,
fliegen Splitter schnell und weit.
Zeit liegt im Tiefschlaf.

Wenn meine Seele
Ausgang hat, steht die Zeit still.
Kein Auge blinzelt.

Schwere Wärme schwebt
von Zelle zu Zelle. Ich
falle bodenwärts.

Lachend versäumen
nur nachts. Nebel links und rechts
des inneren Blicks.

Getrennt und vereint,
nachts so, tags das andere!
Ist das gut für mich?

Verträumt, besiegt, nicht
verlassen. Wo geht unser
Leben hin? Nach Haus.

Satt-grün-blau-gelb-rot -
das Bild von der Zukunft schwimmt
auf morschen Brettern.

Ans Kreuz geschlagen
auf dem Uhrzeiger, bin ich.
Rings um mich Ticken.

Grenzüberschreiten,
bis die Füße brennen. Nichts
lässt mich heut schreien.

In den Nächten reißt
der Film hinter den Augen
nicht ab: Fieberwahn.

Glück, dass meine Zeit
lautlos verrinnt. Schrecklich, das
anders zu denken.

Tränen rinnen in
den Staub, schweben ins Blaue.
Nichts ist heut teilbar.

Traumzauberbäume
sind verletzt, winken keinen
Gruß. Viraler Staub.

Der große Wagen
im Dachfenster über mir -
welch Fahrt ins Traumland!

Erschöpfter Schnee, durch
die Luft geschossen nachts, wenn
Orion lächelt.

Offenes entdeckt,
umschlossen von Wald. Höchstes
strahlt von Zeit zu Zeit.

Lass, warmer Moment,
Deine Flügel ausbreiten.
Schatten warten schon.

Fehlfarbenträume
wabern durch die Nacht, tropfen
auf die nasse Stirn.

Graues Einerlei
oben und unten. Wo sind
die Horizonte?

Zahlen in die Luft
gemalt. Leuchtspur im Traumzelt.
Nacht wacht noch lange.

Worte versammelt
im Mund. Grundlos. Würgereiz
weckt mich schweißnass auf.

Zeitlupen-Leben,
wonach kann ich streben heut'
oder nimmer mehr?

Der Kasten, in dem
mein Leben tanzt, ist eng und
klein. Dunkle Ecken.

Träume im Treibsand
verlieren ihre Wunder.
Spuren trocknen aus.

Schüchterne Flöckchen
suchen sich meine Augen.
Da schwebt noch kein Schmerz.

Welcher Traum verblüfft
nachts am Feuer? Gedanken
tauchen ins Dunkel.

Worte suchen, jetzt!
Hirn fegt Staub aus, bis der Blitz
die Ecke findet.

Übern Rand gekippt,
ins Schwarze geblickt. Achtlos
ziehen die Herden.

Selters oder Sekt,
wer hat den Traum wohl versteckt?
Faul oder perfekt?

Masken oder Test,
Glaube flüchtet, bleibt der Rest.
Zeit legt sich nicht fest.

Licht oder Schatten,
was lag auf Grabsteinplatten,
als wir Zeit hatten?

Licht oder Schatten,
sind wir Teil einer satten
Crew von Aalglatten?

Wache oder Traum,
Wasser sucht sich jeder Baum,
finden tut er kaum.

Mond oder Sterne,
Was hab ich heute gerne?
Flucht in die Ferne?

Liegend, weit fliegend
ins Gestern und Morgen. Sehn-
süchtig bleibt der Ort.

Liegend, weit fliegend
ins Gestern und Morgen. Sehn-
süchtig bleibt der Blick.

Liegend, weit fliegend
ins Gestern und Morgen. Sehn-
süchtig bleibt der Tag.

Liegend, weit fliegend
ins Gestern und Morgen. Sehn-
süchtig bleibt die Kunst.

Liegend, weit fliegend
ins Gestern und Morgen. Traum-
Fabrik hinter Glas.

Zeit eilt auf Schienen,
Bilder, Bilder, ohne Sinn.
Farben trocknen aus.

Zeit eilt auf Schienen,
Bilder, Bilder, ohne Sinn.
Nothalt rauscht vorbei.

Wenn der Himmel sich
nicht dehnt, zählt nur der Moment.
Wolken ziehn langsam.

Wut-Tränen-Bäche-
Gewitter-Salz-Krusten-Schicht-
Wachstums-Verlangen.

Knapp unter der Haut
macht Sucht nach Wärme irre.
Letzter Blick tut weh.

Wenn übermorgen
schon gestern ist, brennt die Zeit,
glühen die Zeiger.

Im Kamin tobt die
Glut. Jahrzehnte gehen in
Asche verloren.

Wege neu, gewohnt
gilt nicht mehr. Ich drehe den
Kompass auf Wohlfühl.

Niemanden tötet
die Freude. Niemand tötet
Tyrannen des Tags.

Tausend Gedanken,
plötzlich wach, schmelzen in eins.
Taghauch fegt hinein.

Zahnerweichendes
Kratzen fegt gute Laune
wie Besen den Staub.

Restbestand meiner
Tage, die Inventur fällt
leichter jedes Jahr.

Tag ist das Brennglas
meiner Träume. Siebenmal
Grün ist lauter Glück.

Einfach sich stehen
lassen im Wind. Kein Umfall.
Seele ist durchströmt.

Träume abgeschafft.
Müde Augen platzen bald.
Noch keine Schatten.

Abwesend von Glück
die Nacht. Geister jagen mir
ihre Augen nach.

SPORT

Fliehende Schatten,
tanzende Beine. Tagflucht.
Schmelzpunkt des Moments.

Den Wind vom Himmel
greifen Palmenfinger. Es
pulsiert der Atem.

Himmel weit, Freude
unter meinen Rädern. So
geht die Zeit ins Blau.

Verdammt zum Turbo.
Überholspur frei. Nichts schneller
als jetzt. Luft flimmert.

Luft teilen in Schwarz
und Weiß. Muster rollen am
Wege mit mir heim.

Leben mit Vollgas,
Sieben-Meilen-Stiefel an.
Wer zählt die Runden?

Was kostet die Zeit?
Den Blick auf ein Blatt das wächst.
Um Luft zu holen.

Wirbelnde Beine,
starrer Blick. So weit weg bin
ich schon seit Tagen.

YOGA

Was nicht schwebt, ist noch
im Hier und Jetzt. Ein Traum zieht
an meinen Händen.

Was nicht schwebt, ist noch
im Hier und Jetzt. Was entflieht
noch meinen Sinnen?

Falle durch Töne
in Wärme, tiefer, tiefer,
bis der Schmerz erfroren ist.

Ich schieße durch den
Mund Farben. Adern fließen
in Blau. Ich schwebe.

Ich schieße durch den
Mund Farben und schwebe in
Blau. Adern kochen.

Zweiter Krieger und
dein Schatten in mir. Mein Schwert
trifft stets ins Leere.

Töne im Halbschlaf,
verschwommen in Atemluft.
Was klingt heute noch?

Mit Fingerspitzen
Ewigkeit berührt. Nur mit
den Augen sichtbar.

Gedanken zerlegt
in Atome. Atem haucht
sie in die Ferne.

SONSTIGES

KLASSENTREFFEN
Erinnerung, die,
gebrannt in Bilder, keinen
Vergleich mehr duldet.

DDR
Mangel-Überfluss-
Die Erinnerung verschwimmt.
Wo beginnt das Bild?

HUMBOLDT
Festgezurrt im Fest.
Rasender Galopp im Wort
und Siebzigmeilen.

CORONA
Stich im Arm, Türen
fliegen auf, grelles Licht. Noch
sind Schritte nötig.

Menschen unbedacht,
Putin unbedacht. Welche
Sprache spricht die Welt?

Ich treffe Menschen,
die sich vorm Altern fürchten.
Mich zuallererst.

Lost in words they don't
care, not in me, not in thoughts
they flit through my eye.

HAIKU

Haiku (japanisch ‚lustiger Vers') ist eine japanische Gedichtform. Traditionell besteht das Haiku aus drei Gruppen von jeweils 5, 7, 5 Silben (streng genommen japanische Moren), die manchmal zur Betonung dieser Form in drei getrennten Versen oder auch in einer Zeile, geteilt durch Zwischenräume, angeordnet werden. Gewöhnlich wird auf eine solche Teilung jedoch verzichtet.

Mit insgesamt 17 Silben ist das Haiku die kürzeste Gedichtform der Welt. Es beschreibt traditionell ein Bild aus der Natur und gibt anhand sogenannter Jahreszeitenwörter den Handlungszeitraum zu erkennen. Es gibt auch Kreise von Haiku-Dichtern, die eine freie Form, ohne die genannten Vorgaben, vertreten.

Der Begründer des modernen Haiku als eigenständiger Form der Dichtung war Masaoka Shiki. Dieser war es auch, der den Begriff des Haiku prägte.

Auch im deutschsprachigen Raum hat das Haiku seit den 1920er Jahren Fuß gefasst. Ab der Mitte des 20. Jahrhunderts wurde dabei meist das Silbenmuster 5-7-5, verteilt auf drei Zeilen, verwendet.

Ein Haiku ist eine Momentaufnahme. Es wird genau beobachtet, eine Stimmung zum Ausdruck gebracht. Oft ergeben sich ein Gedankensprung und eine neue Ebene beim Lesen des Haiku.

TANKA

Das Tanka (jap. Kurzgedicht) ist eine mindestens 1.300 Jahre alte reimlose japanische Gedichtform mit 31 Moren, die 31 Kana entsprechen.. Sie ist älter als das Haiku, das sich aus dem Tanka entwickelte. In Japan wird ein Tanka oft in einer einzigen Linie geschrieben, in anderen Sprachen oft in der Form 5-7-5-7-7 Moren je Zeile. Dabei ist eine Gliederung in zwei Teile üblich, die auch von verschiedenen Personen stammen können: 5-7-5 als erster Teil (Oberstollen), meist mit jahreszeitlichem Inhalt, und 7-7 als zweiter Teil (Anschluss- oder Unterstollen).

Auch für das Tanka gelten die recht strengen Regeln des Haiku. Insbesondere sind Reime und Wortwiederholungen zu vermeiden.

Tanka wurden oft verwendet, um jeder Art von Anlässen einen würdigen Abschluss zu geben. So wurde auch besonderer Wert auf die Schönheit des Gedichtes und die ästhetische Form gelegt. Entsprechendes Papier, Tinte, Schönschrift und eine symbolische Zugabe, wie ein Zweig oder ein Blatt wurden verwendet.

Typisch für die erste Phase der Tanka-Dichtung in Deutschland ist eine starke Orientierung an der Naturlyrik der klassischen japanischen Anthologien aus der Zeit vor der Tanka-Reformation Anfang des 20. Jahrhunderts, oft jedoch ohne deren Qualität zu erreichen. Zudem sind diese Tanka fast ausnahmslos in 31 Silben zu 5-7-5-7-7 Silben verfasst.

Ein Tanka beschwört den Augenblick, hält ihn fest mit Präzision und Musikalität.